AF599921

JAVIER MATEO HIDALGO

EXPOSICIÓN PERMANENTE

JAVIER MATEO HIDALGO

EXPOSICIÓN PERMANENTE

Prólogo
Arantxa Aguirre Carballeira

HUERGA & FIERRO editores

Diseño de Colección: Huerga y Fierro

Primera edición: 2025

C/Sebastián Herrera, 9
28012 Madrid-España
Telf.: 91 467 63 61
www.huergayfierro.com
huerga@huergayfierro.com

I.S.B.N.: 979-13-990526-3-3
Depósito Legal: M-12533-2025
Impreso en Romadac Industria del Libro
Impreso en España/Printed and made in Spain

Prólogo

En una escena de Anselm, *la última película de Wim Wenders, un niño recorre embelesado un palacio lleno de obras de arte y se tumba para admirar un fresco pintado en el techo:*

> Y cruzaste el umbral de un mundo mágico,
> La otra realidad que está tras ésta.[1]

De la misma manera, el "comisario" de esta Exposición permanente *arma para nosotros una puesta en escena semejante donde él sería simultáneamente el director de cine que propone un itinerario por las estancias del museo y el niño que se asombra frente a cada obra.*

Doctor en Bellas Artes, pintor, poeta, historiador del cine, crítico cultural, profesor, Javier Mateo Hidalgo siempre me hace pensar en la lúcida advertencia de Cervantes: "Nadie es más que otro si no hace más que otro". Y, sin embargo, más allá de sus títulos, Javier desprende algo de niño eterno, una suerte de inocencia que tal vez sea precisamente la clave de su descomunal capacidad de trabajo, porque como un ángel le sostiene y le lleva en volandas de un género a otro, de una disciplina a la siguiente, sin perder ni la sonrisa, ¡tan suya!, ni la clarividencia.

El presente poemario, el sexto publicado por su autor, convoca pinturas de distintos artistas y periodos, agrupadas en capítulos temáticos que tienen que ver no con la historia del arte sino con la trayectoria vital y las obsesiones de Javier Mateo Hidalgo. La reunión de obras de arte muy alejadas entre sí temporal y estilísticamente invita a adentrarse en un espacio onírico, a desterrar la lógica corriente para poder deambular por las misteriosas galerías de la memoria. El propio título no puede ser más elocuente: Exposición

[1] Luis Cernuda: "Díptico español".

permanente. *¿Qué es un artista sino alguien que expone su interior? Alguien que, como escribía Katherine Mansfield, "se corta una oreja y la clava en la puerta para que los demás vengan a gritar ahí dentro". El inequívoco poema que sirve de introducción,* Autorretrato, *se refiere a la pintura* Ecce Homo *del artista flamenco del s. XVI Quinten Massys:*

> Así este poeta se muestra
> expuesto ante los demás,
> exhibido como Ecce Homo,

iniciando un recorrido o vía crucis personal donde cada poema dialogará con una pintura en un juego de espejos enfrentados que van rebotando la luz indómitamente, hasta el infinito.

> Y, sin embargo,
> todavía vemos luces.
> Contra la nada se rebelan.

Rebotando la luz o su ausencia, como en el caso del poema Et sic in infinitum, *donde, a partir de la ilustración homónima del médico y astrólogo Robert Fludd, el autor se enfrenta sobriamente a la conciencia de la finitud.*

En su libro de memorias, Mi último suspiro, *Buñuel recuerda el ligero temblor y la "inquietante inestabilidad" de los pies de Jeanne Moreau cuando camina con botines de tacón en* Diario de una camarera. *En su poema* Acróbatas, *sobre el dibujo de José de Ribera, Javier también se revela sensible a ese frágil equilibrio:*

> Viéndolos, también sentimos que nuestra vida
> es eso, sobrevivir en la cuerda floja.
> Número acrobático meritorio, realizado
> perennemente y sin público ni aplausos,
> desconociendo el momento
> en que la soga se parta.

Introspección, reflexiones, anhelos, visiones fulgurantes, preguntas muy antiguas que quizá no tienen respuesta. Javier Mateo Hidalgo ha vuelto a salir al escenario del gran teatro del mundo para elevar su voz. Nos importa escucharlo.

Arantxa Aguirre Carballeira
Cineasta, guionista y miembro de la Real Academia de San Fernando de Madrid

EXPOSICIÓN PERMANENTE

Conócete a ti mismo.
Inscripción en el pronaos del templo de Apolo en Delfos

El arte es el conocimiento hecho visible.
Gustave Courbet

Me pinto a mí misma porque soy a quien mejor conozco.
Frida Kahlo

Con un ojo miras al mundo exterior, mientras que con el otro miras dentro de ti mismo.
Amedeo Modigliani

Contra toda opinión, no son los pintores sino los espectadores quienes hacen los cuadros.
Marcel Duchamp

A modo de justificación

Autorretrato

(*Ecce Homo*, Quinten Massys, 1518-1520)

Como el modelo que espera
a que su imagen sea captada
por la cámara, apareciendo
—milagro científico—
en forma de daguerrotipo.
Así este poeta se muestra
expuesto ante los demás,
exhibido como Ecce Homo.

Roguemos al público clemencia,
que sus caras no miren
como las de Massys miraron
a aquel Cristo presentado al pueblo.
Muchas odiseas laceraron este cuerpo
que ahora, de puro amarillo, no salva
ningún pincel restaurador,
ni levantando de un oreado barniz su capa.

Contar lo que me ha traído hasta aquí
exponiéndolo a través de distintos lienzos.
Tras su cristal, mi reflejo.
Vidrieras de un vía crucis
esperando que, después de
la crucifixión, llegue ¡al fin!
la ventana pintada con la resurrección.

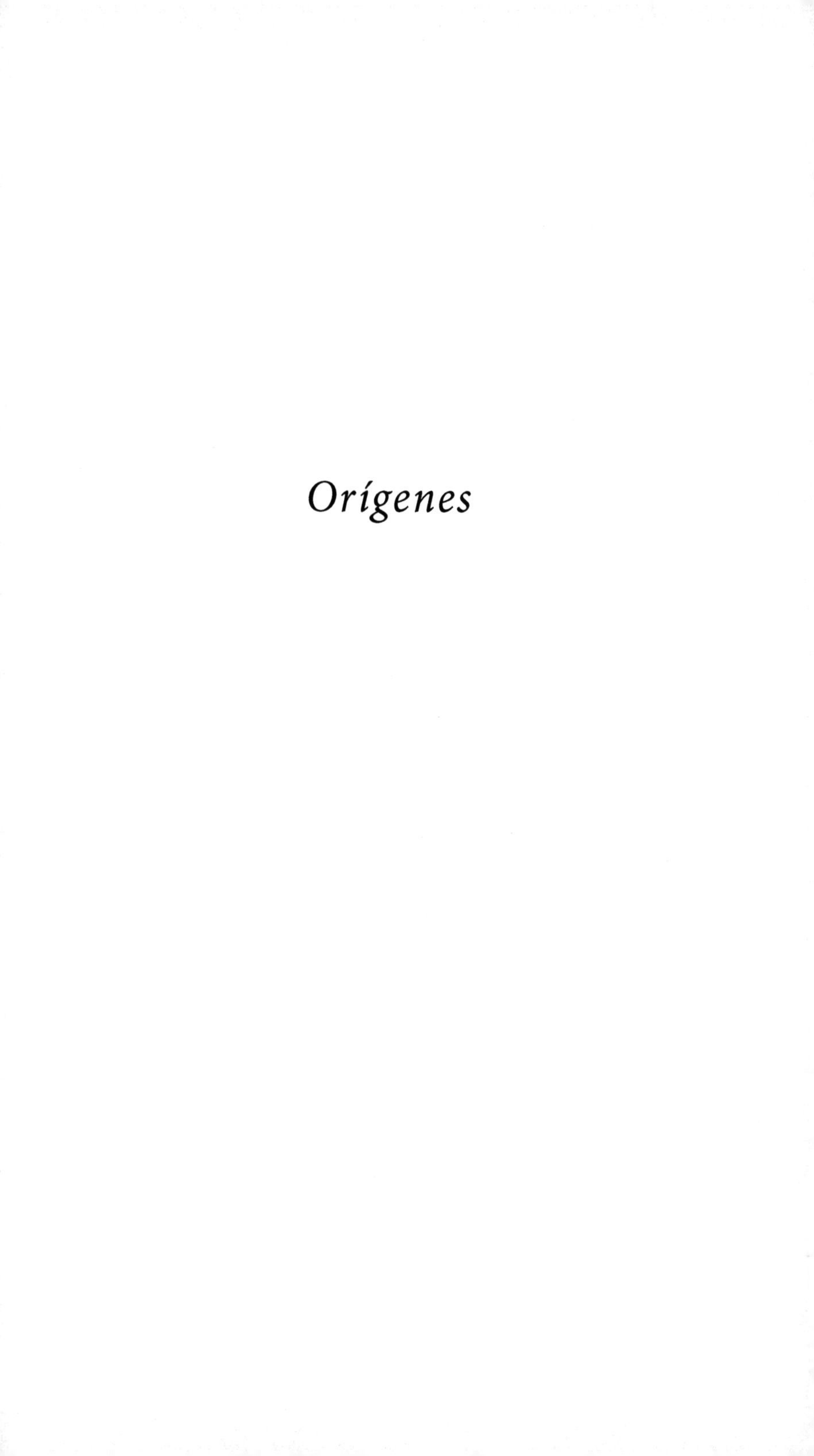

Orígenes

Juguetes

(María Blanchard, 1920)

Primeros ensayos
en pequeñas dosis y tamaños
de realidades adultas.
Todo reluce como nuevo
en la mañana de la vida.

La imaginación se desborda
cuando el niño se olvida
de que lo es, y experimenta
otras posibilidades, asume
nuevos papeles
en esta representación sin público.

Aquellos juguetes adquirirán
su propia memoria, recordando
tantos momentos, cuando ya no estén,
y desde su posición le recordarán
la deuda contraída con él, y la de él con ellos.

Puente de San Juan

(Gustavo de Maeztu, 1942)

Las lavanderas
se afanan entre telas
reflejando los cromatismos del río Ega.
En sus orillas, sobre lienzos de piedra
se sostienen las antiguas casas
dando cuenta de su historia milenaria.

Nace Estella
en el gran meandro del paso fluvial,
y yo quisiera, como corriente continua,
dejar de fluir, reposando en ella.
Así también salir de una paleta
para descansar en bastidor que pintara
el menor de los Maeztu,
residente en esta tierra.

Mi pigmento sería la sangre
de la que emana mi parentela.
Antepasados todos de este trozo de Navarra
por donde pasaron los carlistas
reflejados por los Baroja.

Cuadro romántico de la ciudad detenida,
piedras románicas que quieren ser peregrinas
mientras descansan sedentarias
viendo pasar la Historia.
Santo Domingo, San Pedro,
San Martín, Plaza de los Fueros,
San Miguel y Santiago.

Recoletas, Santo Sepulcro,
el Puy, los arcos de la judería
y el de la esculpida estrella
medieval que le da nombre.
Todos ellos delimitan sus calles
y contienen su memoria vieja.

De tanta leyenda renace cada día
en el amanecer de la aurora.
Misterio que los fieles cantan con música
de acordeones, guitarras, flautas
y una campana y un farol con que ahuyentan
de la noche sus últimas sombras.

¡Despierta, ciudad amarilla,
que en el azul del día
brillarás en tu verde de agua y plantas
y en el incoloro de tu aura!
En sueños te paseo, oigo la gaita
y busco tus gigantes.
¿Dónde andarán? Se nos escapan
a mí y a mi madre,
vestidos con pañuelo y cinto rojo,
sonámbulos de la tarde.

Ya suben las autoridades
por el largo camino de la montaña rocosa,
ya llegan solemnes a la planicie
antes de penetrar la basílica mistérica.
Allí espera aquella figura
que encontraron los pastores
guiados por la lluvia de estrellas.
Dos manos cortadas recuerdan en piedra
a los ladrones que fueron castigados
por tratar de llevársela
y pasaron toda una noche, por milagro,
dando en círculo vueltas.

El niño se queda en la explanada, fuera,
jugando con las flores de la pasión,
chupando su dulzura y arrojando al vacío
otras que, como insectos mágicos,
descienden girando sobre sus alas.

Todo es posible cada agosto de cada año.
Allí, la infancia toda sueña.

A la hermana que nunca tuve

(*Virginia Woolf*, Vanessa Bell, 1912)

A ti te escribo
aunque no puedas leerme.
He imaginado haber vivido
en compañía de un hermano.
O mejor, de una hermana.
Hijo único tantas veces entretenido
con sus propios fantasmas,
divirtiéndose con mundos
que a nadie confesaba.

¿Cómo habría sido
esa experiencia?
Compartir un mundo
vuelto a hacer cada día,
como ese castillo
de arena que,
una y mil veces,
se lleva la marea.

¿Cómo habría sido
tu cara por mí pintada?
Una sin rostro,
como la que hizo
Vanessa Bell de su hermana?

¿Cómo habría sido
crecer juntos,
cuando el juego se hacía cierto
y éramos nosotros los adultos?

Ayudarnos mutuamente,
estar ahí siempre
ante cualquier regla inesperada
que pusiera en riesgo la partida.
Una donde ya no hay dados ni tablero,
cuando las espadas no son de madera
y se apostaba con nuestra vida.

Las hermanas inglesas
también tenían su mundo
compartido en Bloomsbury.
¡Cuántas veces rehicieron
el que había fuera!
Ellas en aquel jardín
siempre libre,
como creímos ser
(y seguro que fuimos)
en ese reino llamado infancia.

Una y mil veces
he imaginado tu cara,
vuelta a pintar con cada marea.
Una cara sin rasgos,
en mis juegos inventada.

La lección de piano

(Henri Matisse, 1916)

En este espacio troceado,
como muro liso, *shōji* de Mondrian,
aparece, como parte componente,
esta *tête* de *enfant*.
Lucha contra su naturaleza terrible,
el adulto le somete al ritmo del metrónomo,
a la marcha del compás, solfeando.

Su terrible profesor es, en realidad,
otro ornamento más. Un cuadro
colgado a sus espaldas, que le vigila.
"No te distraigas".
"Primero la obligación y luego la devoción".
"Vuelve a repetir esa parte una vez más".

Pero el niño no escucha lo que la pintura le dice, sólo puede mirar el...

... Gato de los peces rojos

(Henri Matisse, 1914)

... Juguetón, como el de Barceló
(lo veremos unos poemas más
adelante).
El pintor quiere que sea amarillo,
es como un niño que con los colores juega.
Como el del piano, prefiere hablar con las imágenes
en lugar de con la música.
Le gusta ver lo que los animales
hacen con su libertad.
¡De ellos tiene tanto que aprender!

"Pero vamos, céntrate, retorna a Schumann".
El niño vuelve a abandonar su edad
para interpretar a un músico que interpreta
a otro intérprete que su música toca.
Eso sí, fallará más de una nota...
¡no lo puede evitar!

El violinista verde

(Marc Chagall, 1924)

Soy el violinista,
el violinista verde.
Más raro que el perro
de ese mismo color.

Subido a mi tejado,
me dirige el que interpretó Topol
y desafío al mundo que hay abajo
gris y en continua confusión.

Mi voz es mi violín,
desde cuyas cuatro cuerdas
(Del Re al Mi)
rompe viejas fronteras.

Caminantes diminutos
se detienen en su camino y escuchan,
levantan la mirada, giran la cabeza
(algo les sacude, tiemblan
de dentro a fuera).

No les gusta ver
que puede haber
otras alternativas,
otras vidas
que interpretan una nueva melodía.

Músico cromático de múltiples cromatismos sonoros,
reconstruyes el mundo de otro modo
e impregnas de arpegios coloristas
todo lo que desafías.

El gran masturbador

(Salvador Dalí, 1929)

Los sueños se construyen
a base de desvelos.
Si no se escuchan
las inquietudes, lo cuerdo
acabará levantando el velo
de lo que llaman "locura".

Bien lo sabía este genio
que nuestros demonios salvó
llevándolos a la pintura.

Tanto amenazó el padre al hijo
con los peligros de lo natural
que el hijo creyó que el sexo
podía devenir en enfermedad.
Un saltamontes podrido
de insectos devora fecundándolo
el cuerpo que es mujer y retrato
del pintor y su futuro fatal.

Miedos que surgen en la propia casa
y enajenan al futuro paciente.
Lo llenan de tantos traumas
que a veces desea que lo que le asusta
estuviese pintado. Necesita que otros
le demuestren que es simulacro,
que en realidad no existe.

Mano con esfera reflectante

(M. C. Escher, 1935)

La sujeto
y, sobre ella,
todo gira.

El mundo me envuelve
en esta atmósfera cristalina,
pero lo que veo me engaña.

¿Qué es todo este contexto
que me rodea, que me da la vida?
¿Por qué estoy aquí? ¿Cuál es mi meta?

Pero,
sobre todo,
¿es posible reformular
este rostro deformado?

Se trata de tratar con tu propio retrato
para aprehenderlo y poderte
auto-rre-tratar.

Bestiario

El mono pintor

(David Teniers, hacia 1660)

Es el arte un juego
que se inicia en la infancia.
Todos los niños pintan
y cada uno representa su historia.

Luego, cuando se toman las cosas
demasiado en serio,
abandonan los lápices
y se frustran.

¡Si supieran
que sus obras
son dignas del mejor caballete!
Imágenes que podrían
decorar todo un gabinete
haciendo, con ello, Historia.

Es hora ya de plantear
que los juegos de los niños
son cosa muy seria.

¡Si supieran
que quien les critica
es también un mono
vestido de persona!

¡Atrás los prejuicios,
adelante las sinceridades!
Esta soflama panfletil
viene a decir:

No perdamos nunca
esa facultad de expresar
lo que sentimos sin demora.

El estudio de escultura

(Miquel Barceló, 1993)

A Daniel Huerta Goya

Como en un cuadro de pintura flamenca,
hay que sacar la lupa para encontrar
ese Ícaro de Brueghel, escondido
en el paisaje que brinda original naturaleza.

Hay un gato enredado entre pinceles,
todo lo recorre y desordena,
a importunar juega
inspirando, a su pesar, ternura.

La bidimensionalidad se hace relieve
en esta gran panorámica.
Es la gruta de las nuevas imágenes,
volúmenes rupestres de factura moderna.
Hay un primitivismo plástico delicado,
un ritual y una catarsis mistérica
del artista que comunica con su interior
y su mensaje, visceralmente civilizado, expresa.

Yo quisiera mientras trabajo
tener una compañía que enredara
entre mis cosas,
que me hiciera salir
de tanta trascendencia.
Sería su cariño ese respiro
que tantas veces necesitara.

Perro semihundido

(Francisco de Goya, 1819)

De las pinturas negras
es, tal vez,
la que más resplandece.

Se perdieron en el repinte
(tras la transferencia)
unos pájaros que bien podían
ser los que picaron las uvas
pintadas por Zeuxis.
Allí arriba revoloteaban.

Y, sin embargo, a pesar de su ausencia,
cómo se siente el calor, la aridez,
la impotencia
de ese can que pugna
para, con su hocico por mancha,
sortear ese paisaje amarillo,
abstracción premonitoria.

Como ese perro, muchas veces
queremos huir de tanta luz
reflectante y cegadora.
Pero no podemos, porque estamos
anclados —como los que llevan sus piernas
falsamente tapadas en *Duelo a garrotazos*—
por nuestros pies a esta tierra.

El Minotauro

(George Frederick Watts, 1885)

Eres, tal vez,
el caso más evidente
de ser doliente
por haber venido al mundo.

A nadie se lo pediste
y, sin embargo, llegaste
por capricho de los dioses
bajo apariencia de monstruo.

Doble estigma la de tu condición:
ser vivo y aberrante,
a quien por tu naturaleza encerraron
en un indescifrable laberinto de Creta.

Así agotamos nuestros días,
buscando encontrar la salida del enigma,
devorando a nuestro pesar otras carnes
que sorprendemos en el camino.

Con ellos cobramos las penas,
mientras esperamos en el destino
cada vez más cercano
al Teseo de espada certera.

La hermana del Minotauro

(Leonora Carrington, 1953)

Hablaba a los animales
y éstos le contestaban
en un diálogo secreto.
Sólo ella lo sabía.

Pervive el hechizo
en esta escena de escenas,
donde distintas especies
y espacios confluyen, soñados.

Un animal sagrado recibe
a estos niños, les inicia
en sus misterios.
Poder femenino ancestral.

Bestialidad del Minotauro revertida
en clarividencia pacífica.
Ojalá ser hermana del otro,
luz ante tanta tiniebla cultural e histórica.

Tú, Leonora, lo supiste; como tantas
oscurecidas conociste el dolor, te rebelaste
con el silencio frente a la furia.
Adivina y sacerdotisa, tuyo fue el poder.

La guardiana del Fénix

(Leonor Fini, 1954)

Fini pintó al Fénix
antes de haber salido del huevo.
En su hogar primigenio espera,
sostenido en el regazo
de una imponente mujer, protegida
a su vez por otras aves.

No sabemos qué fue primero,
si el ave o el huevo,
quisiéramos desentrañar ese misterio
y creer que, como el ave mítica,
resurgiremos de nuestras cenizas.

No caemos en que muchas veces
durante la vida
renacemos tras distintas embestidas.
De nuestra fortaleza depende.

Es esta diosa representante de la fuerza
y biología mítica que nos da la vida.
Deudora de ella es incluso la pintora.
Nosotros, meros espectadores,
le debemos también pleitesía.

Al caballo del Guernica

(Pablo Picasso, 1937)

La lengua es un cuchillo
que corta sus fauces,
abiertas en alarido.
Clama con ojos que salen
de sus cuencas, hacia arriba.

En su irracionalidad
no puede comprender
la animalidad pecadora
del hombre que provoca
lo que ahora sucede.

Grita sin fin este caballo mudo
e incoloro como fotografía de periódico.
No sabe que, más abajo,
de la ceniza surgirá la flor,
brotando de una mano muerta que se aferra
a una espada perteneciente a otra guerra
de un tiempo inmemorial.
Círculo infinito de tragedia.

Ixión

(José de Ribera, 1632)

rueda que rueda la rueda
que que
rueda rueda
la la
rueda rueda
que que
rueda que rueda la rueda
en
la
que
a una cuerda
encadenado
recuerda su condena.

Concatena sufrimientos circulares Ixión.
En la más oscura tormenta,
troca traumas
que en otros provocó
por tormentos
que sobre él ahora pesan.

Paga así los crímenes
de cuando fue centauro.
Gigante con pies de castigado.

Sopesando su peso,
apesadumbrado en la penumbra,
piensa el espectador
y teme la mirada de quien hace rodar
la rueda de la fortuna.

Como si nosotros
estuviésemos igualmente
atrapados en una trampa
(siendo también cuadrúpedos)
haciendo girar la noria de la vida.

Personas, lugares y cosas

Paisaje del Lago de Constanza con vista de Steckborn

(*Vista de Steckborn desde el Höri*, Otto Dix, 1944)

A Luis Ramos de la Torre

Exiliado en los paisajes que pintabas,
negando tu genialidad crítica,
así olvidabas la fealdad de la sociedad,
dejando penetrar luz, olores, sonidos aún puros,
serenando tu pincel y tu mirada.

Se hace urgente recuperar esas raíces
que nos anclan a la naturaleza,
detenernos y contemplarla
siempre que se pueda.
Buscarla, rogarle que vuelva a nosotros.

Ser espectadores, olvidar ser protagonistas
(no debemos olvidar que hay que olvidar
el papel que representamos, ser humildes,
pensar que, más pronto que tarde,
volveremos a formar parte
de la sabia savia que mueve el mundo).

Mesa

(Clara Peeters, 1611)

La Naturaleza contenida
dentro de un jarrón.
Clara Peeters lo pintó
también como condena.

Su inteligencia la hizo libre
y pintarse pudo a su manera.
"En cada reflejo me veréis
también encerrada.
Mi rostro apenas apuntado,
puro camuflaje
de oro en fulgor de metales,
brilla como la más resplandeciente
de las victorias".

De igual modo que a los pintores,
nos resulta imposible sustraernos
de nuestra propia figura
a quienes ensayamos ser menos torpes
en esto de la escritura.
La habilidad está en pintarnos
sin parecer estar
en la imagen representada.

Cristo en casa de Marta y María

(Diego Velázquez, 1618)

La trascendente escena bíblica
es lo que menos importa,
allá en ese ángulo alejado
de lo que se cuece en la cocina.

Dos mujeres preparan la comida
ante un hermoso bodegón que nos lleva,
de nuevo, de la Naturaleza
a la humanidad.
Es lo cotidiano dentro de lo sobrenatural.

Podemos casi escuchar
el cuchicheo de la vieja
a la joven doncella y, a la vez,
el sonido que ésta provoca, tan seria,
machacando ajos en el almirez.

"¿Qué estará contando el maestro a las hermanas?".
"Afánate bien en la tarea, hoy es un día especial.
El hijo de Dios estará entre nosotros, disfrutando
de nuestra sencilla cena".

El cocinero

(Giuseppe Arcimboldo, hacia 1570)

Hace sufrir, da placer
y en exceso y carencia mata.
Tras la adivinanza
se esconde la cosa del comer.

Aunque parezca impropio de la poesía
escribir con palabras tan poco líricas
como las que componen las recetas de cocina
—cochinillo, limón, pollo asado—,
es necesario mentar la comida,
pues nos mantiene vivos e inspirados.

No sólo hay que alimentar el alma,
sino también el cuerpo.
La carne a la carne.
Algo tan prosaico, tan vulgar,
es lo que construye y dota de inmortalidad
al verso (tan sagrado, tan incorpóreo).

¡Y cada día el hambre se repone,
el cuento de nunca acabar!

Pareidolia genial la de Arcimboldo,
que en esta imagen nos ofrece
un suculento plato,
cuyas partes componen
las de quien las cocina en su retrato.
Nuestras "pupilas gustativas" se nos abren
y tememos, cuando ocurre, ser caníbales,
por si lo que nos comemos es al cocinero.

La extracción de la piedra de la locura

(EL BOSCO, 1501-1505)

En esta urgente operación
(que más parece reunión
de entrometidos vecinos),
se mete cizaña para sacar
—dicen los sabios que se puede
("hagan caso, yo nunca miento")—
un sólido que libere de ese mal
tan general que es el enajenamiento.

Ahí está la víctima que sirve de paciente.
Sentado pacientemente, espera
ser curado de lo que parece
el colmo de lo anormal.

Un fraile (debe tener fe, pues va de negro,
y verlo todo de ese color con que su ideología asienta)
sujeta un cántaro, con el que tal vez se relaja.
También hay una frailesa
o bruja, que espera con idéntica calma
(debe ser sabia, dado el libro que sustenta
sobre su docta cabeza).

Algo nos hace pensar que es falso el doctor
(el embudo que ostenta). Su bisturí hace el siguiente
"tracatraca" contenido, sonido que esta reflexión inspira:

Al tran tran traquetea,
y, frenético como tren,
introduce su instrumental

para trepanar al tranquilo
trabajador del terruño
que, en trance,
su vida está a punto de perder.
Transitando entre la vida y la muerte,
tropieza con estos trastos,
últimos trasuntos de su mente
que aquí traducimos:

"¿No seré yo el más cuerdo de esta escena?".

Más vale no emitir juicios sobre los demás
si no queremos ser nosotros los acusados.
Quien no tenga un pequeño mineral en su mente
que le atormente, que tire la primera piedra.

Réplica a un poema de William Carlos Williams

(Paisaje con la caída de Ícaro, atribuido a Peter Brueghel el Viejo, 1554-1555)

un chapoteo casi imperceptible,
eso era
Ícaro, que se ahogaba.
W. C. W.

A Aurora Fernández Polanco

Poema redondo allá donde los haya
que toda la atmósfera condensa,
siempre barroca, del arte flamenco.

Tal vez en todo aquel ruido
se te olvidó describir el silencio
que impera en la escena.

El ruido de la imagen detallada
acalló que nada se oía...;
si acaso la imagen, de por sí sonora.

"Casi imperceptible" y audible.
Como en este mudo chapuzón,
las cosas más importantes no se escuchan.

Oficina en la noche

(EDWARD HOPPER, 1940)

A Manuel Gutiérrez Aragón

Ahora volamos más bajo y más rápido, como si buscáramos un punto específico. [...] Aparece un viejo hotel antiguo, alto y angosto. [...] Avanzamos con determinación hacia una determinada ventana. [...] La persiana está bajada hasta tres o cuatro pulgadas del alféizar, como si los ocupantes de la habitación quisieran privacidad pero necesitaran aire. [...] De repente, nos inclinamos hacia abajo, vamos al estrecho espacio entre la persiana y el alféizar, echamos un vistazo al interior de la habitación.

Fragmento inicial del guion de *Psicosis*
(Alfred Hitchcock, 1959)

Nuestro ojo es un *voyeur*
(con Chandler, Hitchcock o Hopper)
que se inmiscuye en las vidas ajenas
y disfruta de esa ropa que, siempre sucia,
se lava mejor en casa.

Aquí la soledad es sonora,
tan sólido se hace el aire.
Nunca una compañía fue más solitaria,
nunca la complicidad distanció tanto.
Cada uno en sus mundos, dentro del cubículo.

Porque observar estas ventanas imaginadas
nos ayuda a olvidar que vivimos tras otras
con nuestras pesadumbres y miserias
y nos ayuda (también) a comprenderlas.

Las dos Fridas

(Frida Kahlo, 1939)

Con qué talento expresas lo difícil fácilmente,
exteriorizando nuestra llama interna
siempre compleja, rojo fuego y sangre,
completando lo que habla
de nosotros por dentro y por fuera.

Cómo todo está conectado,
cómo somos dualidad
física y psíquica, y cómo esta última
puede a su vez desdoblarse
en claros, oscuros, cálidos y fríos.

También lo de fuera nos completa
en esos cielos temperamentales.
Alegrías y tristezas
cultivadas bajo tierra, asomadas
igual que una flor que brota
tan viva, tan necesitada.

Y con un dedo dibujaba una puerta...
Por esa puerta salía en la imaginación,
con una gran alegría y urgencia...

Nos salva la creación, lo que nace
de nuestras entrañas.
El hijo que no pudo ser y es
en tantas ideas expresadas.

... entraba y bajaba "intempestiva mente"
al interior de la tierra,
donde mi amiga imaginaria
me esperaba siempre.

Cierra tu diario con el pincel,
abre tu cuadro con la pluma,
con esas ideas hechas pintura,
con esas imágenes hechas palabras.
Siempre tuya, siempre (a ti misma) fiel.

Retrato del doctor Gachet

(VINCENT VAN GOGH, 1890)

A Javier Ortiz

Observando este retrato,
tan psicológico, tan melancólico,
uno no puede evitar sentir
compasión, calor y agradecimiento.

Gracias al médico que atendió al maestro,
que supo penetrar en su alma,
compartir sensibilidades mutuas,
permitirle vivir un poco más.

Yo también tengo que agradecerte
tantas cosas, buscar tu retrato
en estas letras, pues la sanación
se encuentra, tantas veces, expresando con palabras.

El entierro de la sardina

(Francisco de Goya, 1814-1816)

A Pedro López Lara

Allí están todos,
tan febriles que casi se salen del cuadro.
Tal vez bailen un fandango
(casi se les puede oír, de tan bien pintados).

Una gran cara que asusta y divierte
les domina, como un Dios vuelto espantajo.
Pendejo que cuelga de un pendón negro,
de divertidísimo luto enmascarado.

Homenajean la muerte de un pescado
en una ciudad sin mar. He ahí la paradoja.
Cerca de la pradera se celebran entierros verídicos
(hete aquí el contraste) en la Sacramental.

En estas fiestas todo está permitido:
la burla, la orgía, el crimen, el suicidio.
Hay quien piensa que la libertad,
por muy peligrosa que sea,
debería durar todo el año.

Por eso me gusta mirar a Goya,
porque con él todos los días son Carnaval.
Por algo le celebraron Neville y Solana,
con quien comparto su gusto por el disfraz.

Quisiera, pero soy cobarde, salir cada día
y hacer lo que me dé la gana, a cara descubierta.
Afortunadamente tengo la escritura,
careta con la que mejor expreso
lo que no me dejo expresar,
para evitar parecer un criminal
que ha roto más de un plato... ¡y hasta la cubertería!

Viernes Santo en Castilla

(Darío de Regoyos, 1904)

A Luis Bravo

Es esa ambivalencia
entre el mundo viejo y el nuevo
lo que mejor me representa.
La procesión abajo, en el ojo del puente,
mientras el tren, por encima, pasa.

Dirán que la poesía que escribo
no encaja,
ni en la clásica ni en la de ahora.
Que mi visión del mundo escapa
a lo que de mí esperan
generaciones anteriores y futuras.
No me importa.

Lo que de verdad resulta relevante
es no estar, como me dijo un día un amigo,
con un pie en la tradición y con otro en la tumba.

Cielo de Salamanca

(ATRIBUIDO A FERNANDO GALLEGO, 1480)

Cuando contemplo tus cielos, obra de tus dedos,
la luna y las estrellas que tú has formado.
Salmos 8, 3

Leyendo aquellas palabras
en su orla mística,
recordamos que aquel falso cielo
pesa porque fue pintado
y lo sustenta la piedra.
La misma que lo mutiló,
siendo infinito y etéreo.
¡Terrible paradoja!

No hay Atlas que soporte en sus hombros
el peso de esta bóveda,
que protege tanto conocimiento allá,
en la Biblioteca de Salamanca.

Viéndolo pienso
que del cielo a la piedra
hay sólo un paso...

Piedra salmantina,
amarillo horadado en sangre
de sol que alimenta la vida
a la carrera de los estudiantes.
La rana oculta sobre la calavera
presagia, adivinándola, la buena suerte.

Densos vidrios de quien mira
hacia dentro. Universo mágico
en la lejanía gallega,
de tanto escribir en el Café Novelty
te convertiste en estatua.

Restauración no de pasteles,
sino de conchas. La fachada
de la casa esconde libros
tras un patio que nos sitúa.

El secreto jardín
de los amantes literarios.
Amor renacentista
y escondido, el que hace
uso de sus sortilegios.
Ya prepara la alcahueta
nuevos finales trágicos,
a pesar de su sabiduría.

Llegamos al Tormes,
y, junto a verracos que no mugen,
una figura escultórica
nos recibe a pie de orilla.
El ciego y el niño caminan,
perpetuamente,
hacia sus propias supervivencias.

Por el mismo puente (de piedra)
que llegamos nos vamos.
No volamos como los ángeles
del éter con el que este poema se inicia.
¡Quién tuviera alas físicas,
como las tiene (simbólicas) el pensamiento!

Metrópolis

(George Grosz, 1916-1917)

A Miguel Sánchez-Ostiz

Buscada y temida,
me envuelves, gran marea
heterogénea. Cuando la soledad
se hace demasiado insoportable,
salgo en tu busca, me pierdo
entre tantos nombres.

Luces —de día y de noche—,
sonidos de voces
—discusiones, alegrías, confesiones desveladas,
mendicantes, ladridos de animales—,
urgencia de cláxones, motores, tubos de escape,
músicas saliendo de establecimientos
y de músicos a pie de calle, anuncios acústicos
y tantos carteles —en pantallas y en papeles—.
¡Hasta las pintadas, sucias, soeces, inconformistas,
como tatuajes en los muros, parecen hiedra parlante!
Todo en este batiburrillo se funde:

... ¡Acuda a nuestro establecimiento!...” / “... lo que tengan, algo para comer” /
“Hazte a la idea, o cambias o me voy, así se lo dije” / “cansado de este trabajo” /
“Piiiii” / “Brom” / “Guau” / si-la-sol-fa / “Rebélate contra lo que te adormece”.

Pero yo necesito dejarme arrastrar, adormecer, no pensar,
descansar el pensamiento, al fin,
sintiéndome parte de lo demás.

Cada vez somos más, la incivilización se apodera de lo civil, pero todo sigue marchando, siempre distinto, siempre igual. Condenados, irremisiblemente conducidos a nuestro final, sólo nos queda —sólo podemos— sonreír.

Senecio

(Paul Klee, 1922)

A Gonzalo Laborda

Mírate mirando al que mira,
hecho líneas curvas y rectas,
colores que componen esa cara
de nombre que sugiere ternura
en nuestra lengua.

Recuerda un filósofo romano,
o a una hierba de flor venenosa.
Su rostro es ambiguo, enigma
de tristeza, seriedad o pena.

Estás ahí, cara hecha óleo, gasa, cartón y yeso.
Quiere ser tridimensionalizada máscara,
esconder tras ella su identidad
y a través de su carcasa amplificar tu voz propia.
Personare, de persona, de personaje.

Qué difícil obligarnos a no ser otros,
niños sin miedo a que nos descubran
tal como somos.
Hacer el papel de nosotros.

Los de fuera amenazan con convertirte
en un vulgar enmascarado de yeso
y no en el digno rostro de infante
que ideó, pintando como un crío, Klee.

De otros espacios posibles

La tierra es azul como una naranja
PAUL ÉLUARD

Un mundo

(Ángeles Santos, 1929)

La adolescencia recluida en su casa
(antinaturalidad hecha natural),
pintando un gran cuadro
que representa un universo entero,
solo existente en su cabeza.

Se puede viajar desde el enclaustramiento,
a pesar del dominio de un padre. Ser adulta
antes de tiempo, admirada por la cultura.
Todo está dentro, incluida la Libertad.

Recuérdalo, joven Ángeles, recuérdalo.

¿Por qué renegaste de todo ello
el resto de tu vida?

Ese arte futuro, ese grito hecho pintura,
fue devorado por la propia creadora,
Saturna antes de tener hijos.
Y, sin embargo, mira, mira todo ese mundo:

Extraterrestres con instrumentos clásicos
interpretan la melodía de una esfera cúbica.
En ella sucede todo el ciclo de la vida
(nacimientos, creencias, viajes y muerte).
Todo visto con mirada de pájaro
o de Ángeles y Santos que deambulan
en cortejo fuera, largas melenas,
túnicas blancas, enarbolando estrellas.

Míralo,
antes de que el mundo se te venga encima.
Antes de que tanta opresión no te deje respirar,
antes de que no te dejaran ser moderna.

Lluvia, vapor y velocidad. El gran ferrocarril del Oeste

(J. M. W. TURNER, 1844)

Las gotas que cayeron en el paisaje
lo desfiguraron.
Apenas queda nada visible,
la mirada se empeña en empañarse
para envolver al espectador
en su niebla mistérica.

Es precisamente en la incertidumbre
donde se progresa,
cuando nada está asegurado.
El individuo camina
por el paisaje brumoso, llega
a lo que cree nítido
y, entonces, vuelve a avecinarse tormenta.

Et sic in infinitum

(Robert Fludd, 1617-1619)

A José María Parreño

Un cuadrado negro
antes del chiste racista
(nunca entendido)
de Malévich.

Casi trescientos años antes,
fue un científico quien,
¡oh, sorpresa!,
descubrió el arte abstracto
explicando el vacío infinito del universo.

Es un cubo desprovisto de límites,
que se expande y no acaba,
angustia pertinaz
cada vez que se piensa.
Como seres conformados por fronteras,
no lo entendemos, se nos escapa
igual que la muerte.

Queremos sobrevivir
porque nos interesa creer
que ese espacio interminable
podría estar en nuestro cuerpo.

Queremos creer, tener fe en el alma,
pensar que se llevará también esta carcasa,
que en esta tierra no todo acaba.
Que después de dejar de latir
seguiremos existiendo.

Pero la conciencia del vivir,
de todo lo que nos rodea,
terminará cuando todo sea negritud
y no podamos ni siquiera verla,
porque no estaremos aquí,
porque nuestros ojos ya no verán
ni sentirán su presencia.

Nocturno en negro y oro: el cohete que cae

(James McNeill Whistler, 1872)

A José Luis Gallero

Y, sin embargo,
todavía vemos luces.
Contra la nada se rebelan.

Como en la cubeta de una sala oscura,
brotan en el papel,
son fuegos de artificio que despuntan
en la noche pintada.

Velada del estío,
la gente (pura mancha) se arremolina
y la festeja, iluminándola aún más si cabe,
con hogueras.

Pero no importa lo representado,
sino las sensaciones,
el ojo completa
lo que falta.

Reverso de un cuadro

(Cornelis Norbertus Gijsbrechts, 1670)

Trampantojo magnífico,
Muestras lo que sólo el pintor puede ver
y oculta al público.

La explicación es muy sencilla,
aunque parezca trabalenguas:

Su imagen muestra
un bastidor de madera
donde se estira la tela
que será soporte
de otra imagen ilusoria
que simula una realidad
(como la de este trampantojo
de inspiración flamenca).

Un círculo que nunca se cierra,
amparado por el cuadrado
de un lienzo tan realista
que de verdad parece algo
que sobre azogue se refleja.

Composición VII

(Wassily Kandinsky, 1913)

A Paula Fernández García

Antes fue la nada y su silencio,
dejando de serlo cuando brotaron las cosas.
Más pronto que tarde fue imposible
nombrarlas todas,
pero conviene volver al origen.

El ruso descubrió que dando la vuelta
a un lienzo podía volver a la cuenta
individualizada, comprender los elementos
por su apariencia elemental.
Ya se habían adelantado
Hilma af Klint y Georgiana Houghton,
espiritistas.

Que el sonido es ya tono en el color
y las formas libran pacífica batalla
combinando posibles colores, figuras,
tamaños y disposiciones.
Un viejo mundo nuevo en la pintura.

Estudio de saltimbanquis

(José de Ribera, 1630)

A Arantxa Aguirre

Al son del Fandango de Soler,
unos personajes arriesgan su existencia
por amor al arte y a la supervivencia.
Viven de poder perder la vida
y aún así se bambolean eternamente,
inmortalizados por el dibujo de Ribera.

¡Cómo penden, igual que marcando las horas
en un reloj cuyo pulso el corazón bombea!
¡Cómo los re—crea la mano de la cineasta,
cobrando nueva vida
ante nuestra sorprendida mirada!

Viéndolos, también sentimos que nuestra vida
es eso, sobrevivir en la cuerda floja.
Número acrobático meritorio, realizado
perennemente y sin público ni aplausos,
desconociendo el momento
en que la soga se parta.

Eros y Tánatos

Sonrisa que todo lo enciende

(*En la cama: el beso*, Henri de Toulouse-Lautrec, 1892)

Para Elena

La noche más luminosa
se vuelve, siendo tu sonrisa
quien la enciende. Ahora,
recordándote en este tren diario
que nos aleja cada mañana,
cuando la ciudad duerme
y la semana empieza, y la obligación
puede a la devoción, la que te debo
como al más grande de los dioses.

Te recuerdo en ese momento
más importante del día,
el que lo concluye,
bajo la luz de la pequeña lámpara
frente a frente.
Yo miro y tú me miras
y no puedes evitar
esa sonrisa que siempre
es la más luminosa luz en la noche.

Gitana y arlequín

(Remedios Varo, 1958)

Arco mudéjar de San Francisco
y en cada vano una paloma.
La niebla lo enturbiaba todo
aquí, por entre las murallas.
El frío nos encapuchaba
como dos figuras espectrales.
Pero, a tu lado, sentía tu calor
y, donde nada veía,
tus pasos me guiaban.

No importa que donde estemos
sea Olmedo o una ciudad sin nombre,
contigo siempre será nueva,
vista por primera vez, mágica,
siendo todo posible, en cada muro
abriéndose una grieta.

Tus manos, como las de una hechicera,
crean siempre nuevos mundos
de los que siempre quiero ser protagonista.
Seguimos y dejamos un reguero de objetos
de todas nuestras experiencias.
Un camino cada vez más largo
con el horizonte siempre inalcanzable
perdido al fondo de sus callejas.

Amor y Dolor (Vampiro)

(Edvard Munch, 1895)

Fue pesadilla de una pesada
y larga noche, la de aquel abrazo
ambiguo de amor y dolor.

Tantas veces tanteé en las sombras
el espectro del ser amado
y tantas veces recibí su dentellada.

Pero la mañana pidió paso
y finalmente vi claro.
Aquel no-muerto murió
con los ojos abiertos y,
como el de Murnau o Dreyer,
se deshizo en polvo.

Paisaje catalán (el cazador)

(Joan Miró, 1923-1924)

En aquella floresta mágica
un cazador disparó a lo lejos
(la cegadora luz del bosque
no le dejaba ver)
y la bala impactó al ser alado,
que cayó de la rama a la alfombra de hojas.

Cuando fue a cazar su recompensa,
descubrió el furtivo que se trataba
de un ángel con sus flechas.

El gran ojo que todo lo veía
de repente se quedó ciego.
Cuando cavó la fosa, supo
que su condena sería siempre la soledad.

La Maddalena svenuta

(ATRIBUIDO A GUIDO CAGNACCI, 1626-1627)

A Javier Ramírez Serrano

Me la descubrió un buen amigo
fascinado por la Italia
de la sensualidad y la muerte.
Su mirada estética y crítica
señalaba aquella calavera
tan *apropósitamente* colocada
en el regazo de la Magdalena.

Suspiros que son éxtasis
en la soledad de una viuda
no acreditada y penitente.

Tal vez fuera cuestión platónica
lo que por el maestro sentía,
admiración nada más y simpatía,
cariño por su afecto y su defensa.

Pero no olvidemos que quien bajó a la tierra
lo hizo hecho carne, sufrió por nosotros
y también debió sentir placeres.
Sin duda le hacía todavía más humano
y cercano a los que le seguían.

Todo lo sacrificó por su piedad infinita
y, desde entonces, se retrató su historia
en la otra Historia hecha pintura.

Algunos pintores como este italiano
no dudaron
en hacer insinuaciones humanas
que, a poco que se miren,
podrán ser desveladas.

El avaro

(Mariano Fortuny, 1870-1872)

A un baúl de metálica miel
el materialismo y la codicia acudieron
y a su portador en huesos convirtieron,
dejándolo encadenado a él.

Qué certero
fue el pintor,
que demostró
lo efímero

en esta pintura
que horroriza tanto como enseña.
Que nada en esta vida dura,
y nada nos llevamos a la tumba
cuando la guadaña el corazón siega.

Ganamos dinero para sobrevivir
y, mientras trabajamos para ello,
perdemos tiempo
que es oro, muriendo en montañas de monedas.
Cuanto más ganamos más queremos
y menos gastamos, envejecimiento ruin.

El sueño del caballero

(atribuido a Antonio de Pereda, 1650)

Sueña el joven no con angelitos
ni con ángeles, solo con uno
que le muestra que todo es vanitas.
El gran banquete de la vida
ninguna mesa lo sostiene
y su peso el viento se lo lleva.

Despertar de un sueño
con la lección aprendida
puede ser mejor que estudiar
en libros toda la vida.

La isla de los muertos

(Arnold Böcklin, 1880)

Fue deseo de la princesa Berna
que el simbolista suizo realizara
este cuadro enigmático.
Provocaría desvelos con los que velar
la reciente muerte de su esposo.

A una isla llegarán
tantas almas silenciosas
traídas por el remero Caronte.
También lo pintó Patinir
con su Laguna Estigia de por medio.

Rachmáninov imaginó su música,
lúgubremente romántica,
el remo fluctuando en el agua,
la brisa que oxigena la podredumbre,
el ulular en las cuevas y en las ramas
de las arquitecturas hechas cipreses.

Imaginemos que aquí no acaba todo,
que el arte nos asegura la realidad
y que allí acabaremos recalando.
En un oasis de paz donde nunca
nos aburriremos. Por fin atenderemos
en nuestro sosiego aquello tan valioso:
la Naturaleza de la que venimos
y a la que volveremos.

Pictorismos
(Maxínimas en torno a la pintura)*

* Neologismo del autor, unión de *máximas* y *mínimas*.

A José Luis Morante

Pintar es hablar con la mano en un lenguaje más libre que el de las palabras.

La pintura mejora el aforismo, pues condensa en imagen lo que difícilmente se puede expresar en palabras.

Si aguzamos el oído al acercarnos a un cuadro, podremos escuchar la música contenida en sus colores.

La pintura siempre pugna por ser carne, más allá de su propia materia.

La luz de la vela difícilmente podrá sustituir a la del sol para el ojo del pintor, pero ofrece resultados mágicos, como en las *Pinturas negras*.

Goya sustituyó la luz de la razón por la de las velas de su sombrero, iluminadora del inconsciente.

Los museos son neveras que conservan el alimento de nuestra alma.

Se puede aprender de un viaje sin necesidad de salir de un lugar. Solo hace falta acudir a su museo.

Cada pintor es una mir-í-ada. Un museo contendrá los mil ojos de Argos, como la cola de un pavo real.

La pintura abstracta desmontó la tramoya escénica de la pintura, visibilizando su artificio.

Conocemos las primeras ideas de la humanidad gracias a que fueron pintadas en los lienzos de las cuevas.

Paradójicamente, las mismas tribus que no comprendían las fotografías reflejaban a su manera la realidad con imágenes.

Un niño deja de ser niño cuando deja de pintar.

La creatividad se demuestra pintando.

El pincel es la muleta civilizada del ser humano.

Una obra de arte, en su sentido literal, consigue que dejemos de vivir en nosotros mismos para vivir en ella.

En los colores dispuestos sobre una paleta está la imagen de una pintura antes de que ésta llegue a ser.

El aglutinante logra el milagro de que una imagen pintada exista no solo en el espacio sino también en el tiempo.

En la realidad hay tantos matices como en la pintura. Para afrontarlos se precisará idéntico número de pinceles, con sus respectivos tamaños.

Parece mentira que una obra pictórica pase a la posteridad fijada en un soporte tan vulnerable como el de una tela tensada.

Para pintar hay que tener primero curiosidad por conocer aquello que después se representará.

Se come primero con lo mismo con lo que primero se pinta: con el ojo.

En pintura, la creatividad precisa también de técnica. La sensibilidad es el aglutinante de ambas.

Del mismo modo que un virtuoso de la guitarra no podrá demostrar su sensibilidad sin horas de estudio, un pintor diestro en la técnica carecerá de valor si su obra no posee alma.

El pintor construye imágenes con conceptos; el poeta crea versos con imágenes. Uno y otro se retroalimentan y se necesitan.

El poeta debe ser como un museo vivo: exhibición permanente de imágenes o realidades que conciernen al público, generadas siempre desde las propias experiencias biográficas de quien las crea.

A ojo de buen cubista, cualquier elemento de la realidad puede ser reinventado desde la pintura. Todo depende del ojo por el que se mira.

Coda

Futurizando. Autorretrato

(Rembrandt, hacia 1662)

Ya en su vejez,
Rembrandt se autorretrató
por última vez,
riéndose de su mala fortuna.

Como Zeuxis de Heraclea,
tiene tras de sí
a una mujer muy fea.
A ella pintó y, tras verla
convertida en pintura,
murió entre carcajadas.

Ríe porque sabe
lo que (como a él)
nos espera.
Nos mira desafiante,
sin miedo ya a nada,
burlándose de los sometimientos
del mundo y de la vida,
de la fealdad y de la muerte.

Así quisiera llegar a ser yo,
desafiante del Alfa y el Omega
en el último cuadro de la vida.

Théâtre D'opéra Spatial

(Jason M. Allen, utilizando I. A., 2022)

Soñé tantas veces
que ante un premio literario
decía lo que pensaba.
Tantos manuscritos a concursos,
papel que será triturado
como las ilusiones de tantos años.
Mi discurso a pie de escalinata
empezaría:

"No agradezco este premio
a todos los que me han impedido
llegar hasta aquí. Lo agradezco, en cambio,
a la constancia y fe en algo, que, por tanta,
es ya locura".

Tanta estupidez es ya un gran mal,
si el propio ser humano se sabotea
y los concursos los puede ganar
la idiotez artificial. Melopea
cibernética, que ha dado un paso más
superando los premios dados a dedo
en literatura o en pintura, lo mismo da.

La danza

(Javier Mateo Hidalgo, 2012)

Como en la danza orgiástica de Turina,
la fantasía se hace música
cuando nos lleva a invocar otros mundos.
La desnudez baila, llama a seres supremos
y funde su carne en colores ultraterrenos.

El espíritu sale del cuerpo,
abandonando en su trance
(casi animalizado)
toda posesión material,
conectando
con lo que hay
más allá de nuestra cárcel.

Es la alegría de vivir,
un fauvismo remozado que busca la pureza,
indagación de esa pintura hecha con arena,
sangre, sudor, semen y ceniza.
Restregada con dedos y palos en cavernas
(museos-casas de nómadas).

Hay un fuego que todo lo mueve y condensa,
que al amanecer se apaga
llevándose todo recuerdo,
toda sustancia que sustenta la tierra.
Abrirán los ojos los danzantes
y seguirán con la colecta,
alimentando los cuerpos
que de lo místico alejan.

¡Cuántas cosas
expresa la pintura!
Algunas ni las intuimos
hasta que las representamos
(tal ocurre también con la música,
la más perfecta de las abstracciones).
Para su mensaje no cabe ningún otro idioma.
Suma y suma escalones hacia la verdadera conciencia.

Finaliza la exposición

Atravesar las puertas,
abandonar la estancia nocturna
entre estas cuatro paredes
que son, en verdad, muchas.

Solo ante las imágenes,
me he cuestionado tantas cosas
que ahora, por fin, amanece
aquí fuera.

Índice

Personas, lugares y cosas

De otros espacios posibles

Eros y Tánatos

Coda

Esta obra
se acabó de imprimir
con los auspicios de
Charo Fierro y
Antonio J. Huerga, editores

FINIS CORONAT OPUS